PROJET

DE

SYNDICAT ET DE CAISSE D'ÉCHANGE

Pour les Ouvriers du Port

ET

D'AMÉLIORATION MORALE

DANS NOTRE POPULATION

Par Ch. NOIRET, Inspecteur de Voirie

HAVRE

IMPRIMERIE MAUDET, GODEFROY, & Ce

—

1876

PROJET

SYNDICAT ET DE CAISSE D'ÉCHANGE

Pour les Ouvriers du Port

ET

D'AMÉLIORATION MORALE

DANS NOTRE POPULATION

Par Ch. NOIRET, Inspecteur de Voirie

HAVRE

IMPRIMERIE MAUDET, GODEFROY & C°

—

1876

PROJET

DE SYNDICAT ET DE CAISSE D'ÉCHANGE

Pour les Ouvriers du Port

ET D'AMÉLIORATION MORALE DANS NOTRE POPULATION

> Le bien s'engendre du bien,
> sa source unique et ex-
> clusive.

Le besoin d'être utile à mes semblables, à mon pays, m'a fait concevoir le projet ci-inclus et l'adresser à l'Administration Municipale et à la Chambre de Commerce du Havre, ainsi qu'à la Société Havraise d'Etudes Diverses, touchant la situation faite aux ouvriers du port par une spéculation sordide.

Mon mémoire était accompagné de la lettre que voici :

« Messieurs,

» J'ai l'honneur de soumettre le projet ci-joint à votre haute appréciation ; je me permettrai d'appeler sur son contenu votre sérieuse attention. Je crois que nous avons assez piétiné dans la boue, qu'il faut maintenant sortir de l'ornière et nous armer de résolution pour la CONSERVATION de notre pauvre France, que nous devons d'autant plus aimer et servir qu'elle a été plus malheureuse et plus inconsciente, afin de l'arracher à la contagion des choses mauvaises, plus redoutables pour nous qu'une invasion allemande. Aujourd'hui, chacun est tenu d'apporter sa pierre à la réédification.

» L'objet que j'ai l'honneur de vous soumettre est tout spécial, tout local, mais je crois qu'il y a là un succès à obtenir as-

sez beau pour tenter et faire tenter l'é-
preuve. Aussi, je suis persuadé que votre
bienveillant concours est acquis d'avance
à cette œuvre que j'estime utile au suprême
degré dans notre population havraise.

» Recevez, etc.

» CH. NOIRET,

» *Inspecteur de Voirie.*

» Havre, 9 Juin 1875. »

PRÉAMBULE DU PROJET

On veut refaire nos mœurs, ce dont nous avons grand besoin. Par exemple, on veut, entre autres choses, combattre l'ivrognerie. Mais on oublie les excitations à boire, qui en font contracter l'habitude et pour lesquelles une grande sévérité serait nécessaire. On devrait bien aussi resserrer la prostitution et sévir contre l'entraînement à la débauche qui, de même que les excitations à boire, sont le commencement de la dépravation; car on ne commence pas par être ivrogne ni débauché. Il me semble qu'on ne tient pas assez compte des effets de l'influence magnétique des individus les uns sur les autres et de la fermentation humaine par les contacts personnels. Et cependant ce sont là deux mobiles généraux de la vie commune, plus ou moins.

Et d'abord, nos législateurs, qui veulent réformer, sont-ils bien sûrs de leurs principes de réformation ? Les véritables principes de réforme morale au sein d'une société d'hommes ne sont point dans l'abstraction théorique, dans l'idéalité pure ; ils sont enveloppés dans l'étude positive de la physiologie humaine, et malheureusement c'est l'étude à laquelle on se livre le moins et qui n'est guère pratiquée que par la science médicale, qui a le tort de se claquemurer dans sa spécialité particulière. C'est à elle qu'il appartiendrait d'expliquer l'homme, comme c'est à un mécanicien qu'il appartient d'expliquer la mécanique, plutôt qu'à un taupier.

Nos législateurs, nos chefs d'administrations centrales savent-ils bien que, si les campagnes sont gangrenées dans une certaine mesure, dans les grands centres de population tout est disposé pour en-

tretenir et propager tous les vices hon-
teux? Savent-ils bien que tout ce qu'il est
possible de concevoir de plus infâme et de
plus abject se pratique dans ces grands
centres? Sont-ils bien convaincus que c'est
d'en haut que filtre plus la pourriture
morale? Savent-ils bien que ceux qui
vivent de dépravation, d'immondices morales, ont toujours à leur disposition des
protecteurs puissants, dont les bras s'al-
longent dans l'ombre pour les couvrir,
pour les aider à combattre et à abattre
ceux qui ont charge de les réprimer, s'ils
ne sont pas de leur acabit et plus ou
moins disposés à la connivence, avec profit, bien entendu? Cela pourtant est fort
commun. Ah! c'est qu'il faut à certains
des gens commodes, propres à tout, et.....
service pour service, il est même des services qui se font payer plusieurs fois, de
par la loi de solidarité secrète qui garantit
le silence.....

Les hommes qui régissent législativemen', administrativement, ne peuvent bien connaître ces choses malheureuses, désastreuses, moralement et aussi matériellement que d'une manière indirecte, à moins que..... la pratique ne soit pas aussi éloignée d'eux qu'on suppose. Par leur position élevée, ils sont *au-dessus* du niveau commun; il ne leur est donné de voir que la *surface*. Pour bien savoir tout cela, il faut vivre au sein des populations, afin de sentir les manifestations si diverses et si nombreuses qui s'y produisent; il faut en être remué, secoué. Pour cela, il est indispensable d'être plus rapproché de la base que du sommet, ce qui permet de voir la société d'*en dessous* par un effet de transparence.

Et quand même nos grands chefs d'administrations publiques sauraient toutes ces choses, que pourraient-ils faire? Qui ne sait qu'en France depuis bien longtemps, si ce n'est toujours, les chefs des grandes administrations publiques sont circonvenus de toutes les manières et de tous les côtés à la fois : dans leur cabinet, dans leur entourage, dans leur intérieur domestique, même parfois jusque dans leur alcôve. Et puis, que d'influences extérieures ! que de gros récalcitrants qu'on ne peut heurter sans éprouver la réaction de ces influences ! par suite que de tolérances *forcées*. Aussi est-il nécessaire que, parfois, une pression du dehors s'exerce pour armer ostensiblement l'autorité, afin de l'aider à vaincre les influences qui la paralysent et les gros récalcitrants qui lui font obstacle.

Je laisse de côté la thèse générale pour me rabattre sur une chose toute particulière au Havre.

Notre ville est amplement pourvue de moyens de propagation malheureuse. Elle a ses entreprises de mendicité et de *grapillages* sur les quais, deux genres *d'institutions* qui entretiennent le vagabondage des enfants, même des jeunes gens des deux sexes, que les parents abandonnent ou jettent sur la voie publique, où ils font de bonne heure l'apprentissage de tous les vices. Le Havre a ses maisons commodes, où la prostitution du mariage est largement pratiquée et rétribuée, où s'emploient toutes sortes de ruses, de stratagèmes, de procédés, de dissimulation qui déroutent la police et la justice. A un échelon *plus bas* se trouvent des débits, des auberges qui pratiquent la prostitution clandestine et où l'on offre aux étrangers, aux marins, avec des aliments frélatés, des femmes à tout le monde, et tous les moyens possibles de débauche, d'orgie et de dépouillement. Il ne manque, je crois, que la prostitution contre nature, comme à Paris et en Algérie.

Toutes ces choses déplorables sont communes plus ou moins à d'autres grands centres. Mais il en est une toute particulière qui est propre à la place du Havre, où elle exerce une bien pernicieuse influence. C'est l'embauchage des ouvriers du port. L'embauchage tel qu'il se pratique, et avec lequel se combine la manière de payer, est plus qu'une excitation, c'est une contrainte à boire, un entraînement forcé à l'ivrognerie qui par là devient une habitude en quelque sorte générale.

Ce malheureux état de choses prend sa source dans la nature même des travaux du port : embarquement, débarquement, lestage, délestage, etc. Ces travaux se font à la corvée, à la demi-journée; ils sont payés après chaque séance de travail, d'une manière indirecte. Souvent les ouvriers de la matinée sont remplacés l'après-midi par d'autres pour la même besogne.

Ces travaux sont pris à forfait à tant du tonneau, par des entrepreneurs d'arrimage; ces entrepreneurs emploient des chefs d'équipe ou *de bordées* qui embauchent, pour compte de leurs patrons, des ouvriers à leur choix, à leur convenance. Quand la corvée ou la demi-journée de travail, dont le prix ordinaire, fixé par l'usage, est de 2 fr. à 2 fr. 50, les chefs de bordée remettent aux ouvriers qu'ils ont occupés, au nom de ces mêmes patrons, une carte ou *bon* du prix du travail effectué, et ces ouvriers vont se faire solder dans certaines maisons qui leur sont désignées, où ils échangent leur carte contre une somme de 2 fr. ou 2 fr. 50.

C'est ici que se produisent les abus, les excès qui conduisent, qui poussent, qui forcent les ouvriers à l'ivrognerie.

D'abord, il paraît qu'en général il existe une soif contagieuse et inextinguible, pour ainsi dire à l'état latent, chez les chefs de bordées et que, en ce cas, les régaler, je ne dis pas les désaltérer, est pour certains d'entre eux un bon moyen de se faire des chances d'être embauché. D'un autre côté, les payeurs officieux qui soldent les cartes ou bons de prix de travail, sont débitants de liqueurs alcooliques. Ces débitants aiment beaucoup à débiter et à débiter beaucoup. A preuve que pour obtenir chez eux l'échange de sa carte de travail, il faut faire, *en consommation*, une dépense d'au moins *dix centimes* chaque fois. Quant au *plus*, il est facultatif et difficilement évitable, à moins d'une dose de *vertu* aussi forte que rare, d'autant plus qu'on se rencontre là un certain nombre de camarades qui, l'amour-propre aidant, s'excitent réciproquement ; d'autant plus encore qu'ayant goûté à ces liqueurs qui réveillent l'entraînement d'une certaine habitude, on ne peut plus guère s'abstenir, et que l'étourdissement alcoolique déjà prononcé rend faible contre la tentation, doublée de l'excitation. De là viennent les *serments d'ivrognes* et la nécessité de faire disparaître la cause pour que les effets ne se produisent pas.

Admirons l'ingéniosité du procédé! Il y a réellement avance faite, service rendu entraînant rémunération. Mais ce n'est pas pour compte de l'ouvrier, qui a droit à son salaire dès que son travail est terminé, puisque son engagement n'est que pour la demi-journée ; l'avance faite, le service rendu sont au profit de l'entrepreneur, du patron. Et bien ! c'est à l'ouvrier qu'on fait payer l'intérêt à *cinq pour cent par jour*..... 20 centimes pour 4 fr. Il est bien permis de dire qu'on le vole en le dépravant, qu'on lui fait payer la dépravation qu'on lui impose.

Toujours est-il que ces diverses libations de prévision pour chacun de se faire embaucher, pour échanger la carte, puis pour satisfaire aux exigences de la camaraderie et de l'entraînement, font laisser au cabaret une partie du prix de la demi-journée, et que, de plus, on s'enivre plus ou moins, cela deux fois par jour. Souvent, si l'on n'est pas rencontré par la police, on arrive au réduit en titubant, chancelant ; si la femme se plaint de n'avoir pas de pain pour elle et ses enfants, *on l'envoie promener ;* si ses plaintes, ses criailleries *embêtent,* on s'en va, on retourne au cabaret, ou bien..... *on tape* dessus pour là faire taire et avoir la paix.... La faute en est à l'état des rapports établis.....

On doit comprendre qu'en des conditions comme celles qui sont faites, la malheureuse habitude de s'enivrer revête un bien regrettable caractère de généralité, au point que des femmes s'en mêlent. Aussi, dans ces régions, l'ivrognerie a-t-elle conquis largement son droit de cité : *chacun son tour*, telle est la formule ou à peu près du passeport qui lui est octroyé; ce n'est ni un vice ni un défaut. Ceux qui ont charge de réprimer les écarts sont des ennemis contre lesquels on est toujours d'accord pour réagir, malgré le danger qué l'on court à le faire..... Et il faut bien se convaincre que, dans tous les groupes d'hommes, c'est la majorité, le plus grand nombre qui fait les mœurs et l'esprit.....

Les sévérités de la loi n'ont aucune action là-contre. Ce qui le prouve, c'est que le nombre des condamnations judiciaires pour *ivresse manifeste* ne diminue pas, au contraire : on est toujours assez pauvre pour s'exonérer des amendes et des frais de poursuites ; on continue de boire après comme avant la condamnation et partant de s'enivrer. La récidive amène parfois un jour ou deux de prison, et même plus. Cela *embête* et finit par familiariser un peu avec la prison, *qu'on redoute de moins en moins.* Le lendemain de la sortie, on oublie et l'on recommence, *avec moins d'effroi.*

Non ! ce n'est point avec des lois sévères, même sévèrement appliquées, qu'on mène les hommes, c'est avec le possible pratique. La mesure du possible est donnée par l'état général des choses, des hommes et des tendances communes. Les lois sont des sentinelles armées d'une consigne rigoureuse qu'on évite ou qu'on brave. Il n'y a que des institutions qui puissent agir efficacement sur les hommes, quand elles sont bien conçues, parce qu'elles établissent entre eux un lien qui les rattache les uns aux autres et leur imprime une impulsion commune.

Pour agir efficacement sur cette honteuse maladie, l'ivrognerie, je crois qu'il faut autre chose que des sévérités, même que des rigueurs légales.

Pour nos ouvriers du port du Havre, en remplacement de ce qui se pratique, je viens proposer de créer deux institutions devant fonctionner ensemble et corrélativement : *un syndicat des ouvriers du port et une caisse pour ces mêmes ouvriers.*

Pour la première de ces deux institutions, les ouvriers qui travaillent *ordinairement* sur les quais seront classés par catégories de spécialités et par quartiers de travail. Ainsi classés, ils nommeront des délégués qui, dans leur ensemble, constitueront le syndicat des ouvriers du port. Ce syndicat, dans sa totalité comme dans ses éléments constitutifs, sera chargé de protéger à tous égards les intérêts de la corporation et de ses membres. Les syndics tiendront les listes de catégories des ouvriers du part, et sur ces listes ils désigneront à tour de rôle les ouvriers qui devront se mettre à la disposition des chefs de bordée que j'indique ci-dessus et qui, en ce cas, ne feraient plus qu'un embauchage *indirect*. Les chefs de bordées ne pourront refuser les ouvriers qui leur seront désignés par les syndics qu'après avoir expliqué leurs motifs de récusation, en présence des ouvriers récusés, qui seront appelés à prendre part à l'explication.

Ainsi finiront les régals presque forcés aux chefs de bordées avec les préférences capricieuses et arbitraires de l'alcool, qui condamnent à la faim parfois les meilleurs avec leur famille. En même temps, ce groupement, pour ainsi dire *officiel*, des ouvriers du port relèvera leur moral en les améliorant.

A côté de cette institution première et

fondamentale fonctionnera, comme institution auxiliaire, la caisse des ouvriers du port, qui sera chargée de solder les cartes de travail au fur et à mesure de leurs rentrées. Cette caisse sera fondée au moyen d'emprunts faits à des particuliers, portant un intérêt *fixe*, sur titres extraits d'un livre à souche et négociables à volonté. — Cette caisse fonctionnera sous le contrôle de la Chambre de Commerce et de l'Administration Municipale, et sous la garantie d'un groupe de négociants et de propriétaires.

J'estime qu'un capital roulant de cent mille francs suffirait pour ce genre d'affaires.

Il serait fait un prélèvement de cinq centimes sur le montant payé de chaque carte rentrée (c'est-à-dire une retenue de deux et demi pour cent). Sur le total de ces prélèvements seront payés les intérêts de l'argent emprunté et les frais d'administration. Il restera un boni considérable, puisque la retenue de cinq centimes sur deux francs, c'est au denier quarante par jour, ce qui répond à sept cent cinquante pour cent par an. Une partie de ce boni sera dépensé en secours *mutuels*, au profit des membres de la *corporation*, dans les cas de maladie, d'accidents, de mort, etc. L'autre partie du boni sera affectée à l'amortissement du capital emprunté. De sorte que la corporation deviendra, dans un temps assez rapproché, propriétaire de son capital roulant, et même des abris *d'attente* qu'elle pourra se faire construire.

Le fonctionnement de cette caisse écartera le contact le plus dangereux pour les ouvriers, dans l'état actuel de nos mœurs, le contact de la paie et du cabaret. Cette caisse répandra, au sein de beaucoup de familles, un peu de paix, d'ordre et d'affection, aliments indispensables de la félicité domestique : être plus heureux, c'est être meilleur ; dans le bien-être, l'instinct n'étant pas tourmenté, remué, surexcité, reste calme et la passion sommeille.

De ce que le travail est moralisateur, quand il n'excède pas les forces physiques, intellectuelles ou morales, il suit que l'oisiveté est une mauvaise conseillère. Lorsque les ouvriers du port sont inoccupés, se promenant, flânant sur les quais, attendant d'être embauchés, la camaraderie aidant, ils sont invités à aller au cabaret se désennuyer. Il serait de la dernière urgence de leur créer des travaux *minutieux* pour les occuper, captiver leur attention dans les moments des chômages de leur travail ordinaire. Par exemple, *défilocher* de vieux cordages pour faire de l'étoupe; éplucher, trier des marchandises mélangées, avariées pour les rendre plus vendables, etc. Ces travaux seraient peu rétribués, c'est probable, mais ils les arracheraient au désœuvrement, et le peu que ces ouvriers y gagneraient profiterait à leurs familles.

Ce genre de travaux, qu'en raison de l'importance de son commerce maritime, la place du Havre peut alimenter largement, je suis d'avis qu'on devrait l'imposer aux jeunes vagabonds des deux sexes qui pullulent sur nos quais, où ils s'imprègnent de tout ce qui fait des vauriens. Il leur faut une liberté de licence absolue; on ne leur doit que la liberté de l'instruction, du travail et de la moralisation. Je ne comprendrai jamais qu'une société d'hommes pousse l'incurie jusqu'à laisser ainsi, ceux qui viennent la continuer dans sa durée, s'abîmer, se perdre par anticipation, devenir des fléaux qui se retourneront un jour contre elle et qui, nouveaux Jodons, la puniront de son imprévoyance, en l'épouvantant de leurs crimes abominables.

En somme et en résumé, le fonctionnement des deux institutions que je propose de créer changera, améliorera bientôt les conditions matérielles et morales de nos ouvriers du port et de leurs familles ; en même temps il redressera leur intelligence dévoyée chez la plupart. Par l'effet des contacts habituels de la vie, le mieux, gagnant de proche en proche, refluera sur toute la population.

Je présente ces deux institutions pour ainsi dire séparées l'une de l'autre, mais je ne doute pas que la force des choses peut amener la nécessité de n'en faire qu'une seule. D'ailleurs il est un motif particulier qui milite en ce sens.

Les ouvriers du port, dans leur organisation, nommeront leurs délégués, leurs syndics. Mais il y a parmi eux plusieurs centaines de repris de justice en internement et en surveillance. Il répugnera d'octroyer à ceux-ci le droit de vote. D'un autre côté, le leur refuser c'est les désigner à l'animadversion de leurs camarades de travail, et peut être les rejeter hors la société contre laquelle ils ne manqueraient pas de se retourner de nouveau. Problème scabreux.....

Il ne s'agit point là d'élections retentissantes et devant se faire avec solennité; on peut donc user de tempéramment pour échapper aux difficultés. L'administration de la caisse des ouvriers peut convoquer les électeurs qui viendraient individuellement donner leur avis, dont il sera tenu note sur les candidats à choisir et sur ceux qui auront été choisis. La liste des candidatures, dressée sur ces données, sera ensuite communiquée aux ouvriers, qui auront huit ou dix jours pour faire leurs observations et protester pour ou contre tels ou tels. Après quoi la liste syndicale sera faite. Ainsi, l'élection ne sera qu'une simple consultation, tout en portant ses effets, et tout le monde pourra y prendre part, sans qu'il soit besoin de faire des éliminations pour cause d'indignité. Comme sanction, comme consécration, les ouvriers, dans des conditions déterminées, par précaution contre tout arbitraire, les ouvriers pourront demander la révocation et le remplacement des syndics.

De cette manière, le syndicat sera placé sous la dépendance de la caisse, et il n'y aura qu'une seule institution à double ef_fet. Ce ne sera point une association, mais une sorte de fédération d'un genre particulier.

P.-S. — Tel est le projet que j'ai soumis à tout ce qui, dans notre ville, tient en ses mains le mouvement de la vie commune, et dont j'espère le concours. Ce projet n'est qu'un premier jet que la pratique devra modifier d'après elle et pour elle.

L'embauchage des ouvriers, dans les conditions qu'il se présente, offrira peut être quelques difficultés qui devront être aplanies et que la règle devra plier un peu en s'armant contre l'abus.

D'un autre côté, la partie administrative ne saurait être aussi simple qu'il peut sembler tout d'abord. Maintenant l'échange des cartes de travail se fait en divers lieux, la besogne se répartit entre un certain nombre de personnes. J'estime donc qu'avec le régime que je propose d'établir, il faudra un nombre de guichets correspondant à la nécessité du travail à faire. C'est tout un service à organiser, service rapide, car il faut expédier les ouvriers en un instant, pour qu'ils ne soient pas tentés d'aller boire en attendant leur tour, mais qu'ils se hâtent d'aller chez eux, au milieu des leurs, se reposer de la fatigue du travail. Il y a là de la besogne, puisqu'il s'agit d'une transformation instantanée de huit à dix mille francs par fractions de deux et de quatre francs, c'est-à-dire environ trois mille échanges à faire.

Pour abréger, l'argent doit être compté d'avance, en petits tas de deux francs moins cinq centimes et de quatre francs moins dix. Les ouvriers qui font de suite plusieurs demi-journées pour un ou plusieurs patrons peuvent échanger plusieurs cartes à la fois. Néanmoins, la tâche se complique, puisqu'il faut en plus, après chaque séance d'échange, trier, classer, compter les cartes pour vérifier les comptes, et aussi aller chez les entrepreneurs d'arrimages recevoir les sommes avancées pour leur compte.

J'inclinerais à confier l'échange des cartes aux syndics sous la surveillance et la responsabilité d'un ou plusieurs chefs sérieux. Les syndics devront alors être intelligents, diligents et probes.

J'ai reçu la note suivante relative à mon projet :

« Le mal est certain, le remède est-il praticable ?

» Oui, à la condition : 1° d'abolir la *liberté* du travail; 2° de rétablir les *corporations* d'ouvriers employés à tel genre de travail; 3° de défendre aux ouvriers qui refuseront d'entrer dans le syndicat et de se soumettre à une réglementation, le droit de travailler sur les quais.

» Est-ce possible? La Municipalité et la Chambre de Commerce ont-elles droit de légiférer sur cette matière? Où serait le moyen *coërcitif* contre les ouvriers qui refuseraient d'entrer dans cette combinaison. »

L'auteur de cette note, dont l'avis m'importe beaucoup, se trompe totalement sur l'esprit et la portée de mon projet. Il ne s'agit nullement d'imposer par la force, moins encore par la violence, l'établissement de l'institution que je propose. Partant, la nécessité d'une coërcition quelconque ne s'impose pas plus.

La Municipalité, la Chambre de Commerce n'ont point à légiférer là-dessus. Ces deux institutions ont autre chose de plus pressé et de plus précieux à faire. Leur intervention ici n'est qu'un simple contrôle facultatif, donnant garantie aux intéressés dans l'entreprise, et aussi à l'opinion, à la chose publiques, en les mettant à même d'apercevoir les *déviations* fâcheuses, toujours possibles, et de les arrêter à temps. D'ailleurs, si ces deux institutions n'ont pas droit de légiférer sur ces matières, elles ont un droit de protection, de réglementation dans la partie de l'intérêt public qui leur est confiée.

Ce dont il s'agit, c'est de faire un appel à tous ceux qui se sentent disposés à concourir à la fondation d'une œuvre philantropique autant que moralisatrice et réparatrice : aux uns en apportant un peu de leur argent qu'ils prêteront avec intérêts, le tout garanti moralement suffisamment ; aux autres, en bien plus grand nombre, surtout de ceux qui ont moins soif, pour former le personnel, non d'une société ni d'une *corporation* à l'antique, c'est-à-dire d'une coalition rigoureuse et armée pour lutter, combattre à outrance envers et contre tous, mais une *confédération* pour s'arracher à l'ivrognerie, à la dépravation. Le mot corporation que j'ai employé signifie tout simplement groupe d'hommes ayant un intérêt spécial commun à sauvegarder, dans la limite du droit commun à tous, sans nuire à aucun intérêt légitime. Quant à ceux qui ne voudront pas prendre part à cette œuvre, il ne sera rien fait pour les y contraindre, ils ne seront même pas pendus, et la liberté des transactions dans les marchés du travail sera, je pense, mieux respectée qu'aujourd'hui. Voyons cela un peu.

D'abord, sans parler des sentiments généreux de bienfaisance et d'humanité qui peuvent se produire, on trouve toujours et partout des gens qui veulent bien prêter leur argent avec intérêt et garantie. Le capital nécessaire est donc facile à se procurer.

L'économie journalière d'une dépense de dix centimes au lieu de vingt, avec la dispense de boire et de s'enivrer, sont un attrait suffisant pour amener le plus grand nombre des ouvriers du port, ceux qui n'ont pas toujours soif et qui sont les meilleurs, justement ceux qu'il faut pour commencer ; ils auront de plus leurs familles, leurs proches qui les pousseront de ce côté. Il ne sera donc pas nécessaire d'employer la contrainte et la coërcition pour les avoir, ce qui les éloignerait plutôt. Les autres, on attendra que la raison soit poussée chez eux assez pour les amener.

L'action des syndics sera toute amiable et officieuse ; elle est très nécessaire ; leur intervention auprès de leurs camarades de travail et des chefs de bordée préviendra bien des querelles, bien des rixes, souvent près d'éclater entre des hommes à l'écorce rude et à l'humeur prompte. Être désignés par leurs camarades chatouillera bien assez leur amour-propre pour les décider à accepter, sans qu'il faille les fustiger. D'un autre côté, la distribution, la recette des cartes de travail sera un poste de confiance qui les flattera : l'homme aime toujours à être quelque chose, garde-champêtre ou ministre. Ce poste pourra même entraîner indemnité. — Je ne vois pas que ce syndicat d'ouvriers comporte plus d'inconvénients que ceux des courtiers, des boulangers, des bouchers, etc. Il pourra donc se constituer sans obstacles.

De leur côté, les entrepreneurs d'arrimages, si on leur offre les mêmes facilités que les débitants pour les avances, n'auront aucune raison pour refuser de se prêter à cette combinaison ; ils auront même un intérêt à ce qu'elle s'établisse pour n'avoir plus d'ouvriers ivres au travail, ce qui multiplie les accidents d'hommes et de choses et engage leur responsabilité.

Il n'y aura donc encore de ce côté ni contrainte ni coërcition. Mais il y aura déception pour les débitants-échangeurs d'alcool qui débiteront moins et pour les chefs de bordée à la soif *indésaltérable* qui boiront moins ; car si leurs patrons, les entrepreneurs d'arrimage, trouvent leur compte à se mettre en rapport avec notre institution, ce à quoi ils seront sollicités, il faudra bien que leurs employés s'y résignent, sauf la *pépie!*

Il faut, il est vrai, une direction ; elle se trouvera dans le groupe de négociants et de propriétaires que je propose et qui feront appel aux capitaux nécessaires, ainsi qu'aux personnes, pour former notre institution, en chargeant un ou plusieurs hommes pris parmi eux ou ailleurs pour organiser notre confédération et lui donner le mouvement, l'impulsion, la mise en marche, tout en restant dans le droit commun. Rien de tout cela ne me semble impossible.

La Chambre de Commerce et la Municipalité n'ont donc à intervenir qu'officieusement dans l'entreprise que je poursuis. Je ne leur demande que deux choses bien faciles : leur adhésion ostensible à mon projet, puis, de concert, chercher, rassembler les éléments du groupe organisateur, fondateur ; faire cela en dehors de toute préoccupation politique et religieuse, attendu que ce projet, de sa nature, est essentiellement laïque et civil et que c'est maintenant une nécessité de séparer soigneusement, *exclusivement*, tous les ordres d'idées et de faits qui surgissent dans la vie publique, soit pratiquement, soit spéculativement.

Sur la proposition de la commission spéciale nommée par la Société Havraise d'Etudes Diverses pour examiner mon projet, je l'ai scindé, condensé dans l'avant-projet réglementaire suivant, pour qu'il soit plus saisissable, plus appréciable dans son ensemble.

AVANT-PROJET

RÉGLEMENTAIRE

D'établissement d'un Syndicat et d'une Caisse des Ouvriers du Port du Havre

I. — Il est institué dans la ville du Havre un Syndicat et une Caisse fonctionnant ensemble, conjointement, pour protéger les intérêts matériels et moraux, généraux et particuliers, des ouvriers du port, en tant qu'ouvriers de cette catégorie. Cette institution, toute privée, recevra les cartes délivrées, comme solde de salaire à ces ouvriers; elle en soldera le montant immédiatement, directement, au fur et à mesure qu'elles lui seront présentées, afin de soustraire les ouvriers de cette catégorie à l'obligation d'aller se faire payer dans un débit, d'y boire et de s'y enivrer aux dépens de leur dignité d'hommes, des besoins de leur famille respective et de leurs besoins personnels. Cette institution est, non une association, mais une *confédération* des intérêts de ces mêmes ouvriers, en dehors de laquelle restent leurs intérêts civils et particuliers ainsi que leurs personnes.

II. — Le présent avant-projet sera au préalable soumis à la Chambre de Commerce, que cette institution intéresse tout particulièrement, ainsi qu'à l'autorité municipale, qui seront priées de vouloir bien la prendre sous leur haut patronage, et aussi indiquer les mesures à prendre, les conditions à appliquer qui leur sembleraient le plus convenables.

III. — Il est fait appel aux personnes qui, dans la population havraise, jouissent d'une notoriété, d'une honorabilité, d'une influence, d'une autorité morale capables de produire entraînement ; ces personnes honorables seront priées de vouloir bien apporter leur adhésion morale à cette œuvre. La Chambre de Commerce et l'Administration Municipale du Havre seront invitées à vouloir bien intervenir pour cet appel.

IV. — Du sein de ces personnes qui voudront bien apporter leur adhésion seront désignées ou se désigneront elles-mêmes dix ou douze personnes pour former un comité provisoire de fondation pour faire le nécessaire d'abord. Ce comité fera l'appel de fonds et prendra les mesures financières qui peuvent assurer le succès de l'entreprise. Il s'abouchera avec les entrepreneurs de chargement, de déchargement et de lestage des navires, afin de les convaincre et de les disposer à se lier d'affaires avec notre institution.

Le comité provisoire se mettra aussi en communication avec les ouvriers du port, soit par des conférences tenues les jours fériés ou par tout autre moyen, pour leur démontrer les avantages matériels et moraux qui doivent ressortir pour eux et les leurs de cette institution en germe, afin de les amener à notre œuvre.

V. — Le comité provisoire de fondation instituera un syndicat aussi provisoire, d'après des règles posées ci-dessous, afin d'essayer le fonctionnement; il disposera tout pour une première mise en marche de l'institution, après quoi il fera place à un COMITÉ-DIRECTEUR définitif.

VI. — Les membres du comité-directeur sont désignés par la notoriété publique représentée par les personnes qui ont donné leur adhésion morale à l'œuvre; ils sont nommés par les souscripteurs à l'emprunt de l'institution dont il va être parlé, sanctionnés par la Chambre de Commerce, de concert avec la Municipalité. Ils sont responsables, chacun pour son compte, et solidaires les uns des autres; ils déposent un cautionnement proportionnel au capital qui leur est confié. Leur temps de ges-

tion et leur traitement seront fixés ulté-
rieurement.

VII. — Le comité-directeur, ainsi que
son nom l'indique, est le directeur de
l'œuvre. Il dispose les services à sa convenance, donne les ordres, commande, dé-
cide, réprime. Il est enfin l'autorité agis-
sante à l'intérieur et l'agent qui traite et
qui entretient les rapports de notre institution avec l'extérieur. Le comité-directeur est placé sous le contrôle facultatif
de la Chambre de Commerce et de la Municipalité et sous le contrôle obligatoire
des souscripteurs à l'emprunt de l'institution.

L'expérience pratique déterminera le
nombre nécessaire des membres de ce comité-directeur et la distribution de ses
fonctions. Elle dira également ce qu'il faut
d'employés écrivant ou servant. De vieux
employés devenus impropres dans une
maison de commerce, où il faut *expédier*,
rendraient encore de bons services dans

notre œuvre et coûteraient moins cher. Ce serait leur retraite, qui devrait être acquise particulièrement aux plus pauvres et dont la carrière a été plus honorable et mieux remplie.

La pratique indiquera non-seulement la gradation, la distribution des emplois et la rétribution qui leur appartient; elle montrera aussi ce qui pourra être dû aux syndics, non pour leur service spécial, mais pour les autres occupations auxquelles on pourrait les appliquer.

VIII. — Le capital roulant de cette institution est de *cent mille francs*, chiffre nécessaire pour faire les avances sur les cartes présentées à l'échange. Ce capital sera fourni par un emprunt public qui sera ouvert de prime-abord par le comité provisoire. Cet emprunt portera intérêt à cinq pour cent par an. Toutes sommes seront reçues pour le couvrir. Il sera délivré des titres des sommes souscrites. Ces titres seront détachés d'un livre à souche;

ils seront nominaux, mais négociables et transmissibles par voie d'endossement et d'inscription au livre à souche.

L'emprunt dont il vient d'être parlé est amortissable à *huit pour cent* par an.

IX. — Il est prélevé *deux pour cent* sur le montant de chaque carte échangée par les ouvriers contre remboursement du chiffre porté sur chacune d'elles.

X. — Les syndics sont, non pas nommés par les ouvriers, en assemblées publiques, desquelles on serait peut-être moralement forcé d'éliminer les repris de justice, mesure qui aurait de graves inconvénients, mais ils sont désignés par les ouvriers, dont les avis à cet égard sont portés sur un livre destiné à les recevoir et qui restera ouvert pendant quinze jours. Ensuite ce livre sera clos; la liste provisoire des candidats qui auront plus d'avis favorables sera dressée, affichée pendant dix jours à portée des ouvriers du port qui, pendant ce laps de temps, pourront réclamer, protester pour ou contre telle ou telle candidature. Il sera tenu note des protestations. Après toutes ces mesures prises, la liste définitive sera dressée et affichée comme la première; puis les titulaires seront nommés. Toute fraude, toute manœuvre pour faire élire un candidat ou empêcher son élection donnera lieu à une enquête qui pourra, comme moyen de coërcition, entraîner la radiation des fauteurs de la liste des électeurs appelés à désigner les candidats ou la mise en disponibilité des employés de l'institution qui se livreraient à ces manœuvres. La durée des fonctions de syndics est d'un an.

Les ouvriers électeurs ont le droit de demander la révocation des syndics en motivant leurs griefs.

XI. — Les syndics ont pour mission de protéger les intérêts particuliers et généraux de leurs camarades, des intérêts de travail exclusivement ; de s'entendre avec les chefs de bordées pour le choix des ouvriers le plus justes et le plus judicieux; au besoin ils en référeront aux patrons des chefs de bordées ainsi qu'au comité-directeur. Ils sont chargés de veiller prudemment, sans commettre leur personne, de surveiller les embauchements clandestins et frauduleux sanctionnés par l'alcool. Ils sont à la disposition du comité-directeur pour l'échange des cartes de travail; ils sont encore à sa disposition, tant que leur présence n'est pas urgente sur les quais.

XII. — Le service d'échange des cartes sera étudié, établi de manière à être assez promptement expéditif pour ne pas faire attendre les ouvriers qui seraient tentés d'aller au cabaret espérer leur tour.

XIII. — Le comité-directeur traitera avec toutes maisons de commerce, d'industrie et autres qui voudront s'y prêter, pour créer, fournir des travaux rétribués, devant occuper les ouvriers du port, en chômage momentané de travail et attendant d'être embauchés, afin de procurer à ceux-ci de l'occupation et en même temps leur offrir une rémunération profitable, deux choses d'où ils tireront un double avantage : ils seront dispensés des flâneries coûteuses et avilissantes du cabaret, et puis ils trouveront un peu plus d'aisance et de bien-être dans leur famille, avec un peu plus de tranquillité d'esprit et de paix du cœur; le sentiment de dignité reprendra le dessus en eux. Ces travaux pourraient consister à nettoyer, éplucher, trier, séparer des marchandises avariées, mélangées d'ordures ou d'autres matières, manœuvres qui donneront aux marchandises avantage pour la vente; on pourrait y joindre *l'effilochage* de vieux cordages, de vieux tissus pour faire de l'étoupe et autres travaux.

XIV. — La Chambre de Commerce a le droit d'ingérance et de contrôle officieux, facultatif dans la marche de l'œuvre, pour s'informer, s'édifier sur l'état des choses et donner ses inspirations, dont il sera tenu compte. Il en est de même pour l'Administration Municipale.

XV. — Cette institution exigera des locaux pour ses divers services. À cet effet, il sera construit des abris provisoires, fut-ce même en planches, pour garantir les ouvriers contre l'intempérie et pour leur servir d'ateliers de travaux *auxiliaires* de relai. Dans une partie de ces abris sera établi un bureau *fermé*, où seront comptées d'avance les sommes à distribuer pour solder les cartes de travail et où s'ouvriront les guichets d'échange. Plus tard, quand l'œuvre sera bien assise, consolidée, ces abris seront remplacés par d'autres constructions, maçonnées aux frais de l'institution. Pour construire ces abris provisoires, il sera emprunté ou loué des terrains disponibles aux ponts-et-chaussées, au génie militaire, à la ville, selon que ces terrains se trouvent à proximité des bassins et des quartiers de stations de travail.

XVI. — Notre institution n'étant pas une spéculation, tous les bénéfices *nets* réalisés, après toute dépense acquittée, seront affectés au soulagement des plus nécessiteux des ouvriers en rapport direct avec notre œuvre.

XVII. — Cette institution est essentiellement laïque et privée. C'est pourquoi toute préoccupation, tout acte politique ou religieux sont interdits à l'administration et au personnel spécial de cette institution, en tant qu'employés se rattachant directement à l'administration de l'œuvre. Dans une institution moralisatrice, un devoir impérieux s'impose à tous : celui de ne point heurter les sentiments d'autrui. TOLÉRANCE ! TOLÉRANCE !!!

Telle est l'œuvre que j'apporte, tel est le projet pour lequel je viens solliciter la puissante intervention de la Municipalité

et de la Chambre de Commerce du Havre
En même temps je fais appel au dévoue-
ment des personnes qui, dans notre ville,
ont une position qui leur permet d'apporter un concours efficace. Je me permets
de faire observer à tous que les mœurs
générales se forment des mœurs particu-
lières d'individus, de groupes, de clas-
ses, etc., et que, quand une partie quelconque d'une population est affectée d'une
maladie morale, en raison de la multipli-
cité des contacts, de la fermentation humaine et de l'énergie des activités, cette
affection particulière, gagnant de proche
en proche, devient à la longue une gan-
grène générale, d'où la nécessité d'un
prompt remède, lorsque cette affection
morale est reconnue.

J'espère ne pas rencontrer, ce qui m'est
arrivé en mainte occasion, des personnes
qui se mettent en travers de mon œuvre
pour la faire avorter, de ces gens qui ne
peuvent trouver bon ce qui n'est pas fait

par eux et qui ne font rien, ni ne veulent rien faire, de sorte que de par eux le monde croupirait éternellement dans les détritus du passé, comme les bédouins et les esquimaux.

Toujours lorsque quelqu'un présente une œuvre utile, son intérêt personnel, patent ou secret, est là qui l'inspire. Ici rien de semblable. Au sein de la commission nommée par la Société Havraise d'Etudes Diverses pour examiner mon projet, j'ai déclaré et je confirme ici cette déclaration, qu'aussitôt qu'il y aurait un commencement d'exécution suffisant pour conduire l'entreprise à bien, je me retirerais pour me tenir en arrière. Je ne veux permettre à qui que ce soit de dire que j'ai là un intérêt personnel quelconque.

————

La Société Havraise d'Etudes Diverses, à laquelle j'avais soumis mon projet, vient de statuer à cet égard. Je reçois de sou secrétaire la lettre suivante :

« Havre, le 29 Février 1876.

» Monsieur,

» La Société d'Etudes Diverses, dans sa séance du 25, a entendu le rapport qui lui a été fait sur le mémoire que vous lui avez adressé.

» Elle s'est vivement intéressée à votre travail et, en principe, elle s'associe aux idées d'amélioration matérielles et morales qui en font l'objet. Mais elle regrette de ne pouvoir, en pratique, vous prêter un concours efficace. Elle manque de ressources et d'action sur la classe ouvrière, à laquelle s'appliquent vos réformes.

» Ces questions spéciales sont du domaine de la Chambre de Commerce et de l'Administration Municipale. C'est d'elles seulement que vous devez attendre la mise en œuvre de vos excellentes théories. La

Société est unanime à vous engager à faire appel à leurs bonnes dispositions.

» Veuillez, Monsieur, agréer l'expression de mes dévoués sentiments.

» *Le Secrétaire Général,*

» Signé : RAYMOND PORNIN. »

En m'adressant à la Société d'Etudes Diverses, je n'attendais d'elle aucune aide *effective.* Je sais que les sociétés savantes qui ne sont pas largement dotées sont d'ordinaire peu riches et que, de plus, elles sont presque toujours, pour ainsi dire, en dehors du mouvement journalier des populations. Je ne souhaitais dans ma démarche qu'un appui moral et je l'ai obtenu. J'en remercie bien sincèrement la Société Havraise d'Etudes Diverses, ainsi que son président actuel, M. le docteur Maire.

» CH. NOIRET,
Inspecteur de Voirie.